El cerebro

Lisa Greathouse

Asesora

Gina Montefusco, enfermera matriculada
Hospital de Niños Los Ángeles
Los Ángeles, California

Créditos

Dona Herweck Rice, *Gerente de redacción*; Lee Aucoin, *Directora creativa*; Don Tran, *Gerente de diseño y producción*; Timothy J. Bradley, *Gerente de ilustraciones*; Conni Medina, M.A.Ed., *Directora editorial*; Katie Das, *Editora asociada*; Neri Garcia, *Diseñador principal*; Stephanie Reid, *Editora fotográfica*; Rachelle Cracchiolo, M.S.Ed., *Editora comercial*

Créditos fotográficos

portada Gelpi/Shutterstock; p. 1 Gelpi/Shutterstock; p. 4 Gelpi/Shutterstock; p. 5 Nikolay Stefanov Dimitrov/Shutterstock (arriba), Gelpi/Shutterstock (abajo); p. 6 jpa1999/iStockPhoto, Sebastian Kaulitzki/Shutterstock; p. 7 Anton Novik/Shutterstock (arriba), Christian Musat/Shutterstock (abajo); p. 8 Blamb/iStockPhoto; p. 9 Rick Nease; p. 10 Yuri Arcurs/Anatomical Design/Shutterstock; p. 11 Sebastian Kaulitzki/Shutterstock; p. 12 Rick Nease; p. 13 Rick Nease; p. 14 Rick Nease; p. 15 Jaren Jai Wicklund/Shutterstock (izquierda), Luchschen/Shutterstock (derecha); p. 16 Smart Mouse/Shutterstock (izquierda), Monkey Business Images/Shutterstock (derecha); p. 17 Michaeljung/Shutterstock (izquierda), Juriah Mosin/Shutterstock (derecha); p. 18 Mowujiutian/Dreamstime; p. 19 Stephanie Reid; p. 20 Jane September/Shutterstock; p. 21 BlueOrange Studio/Shutterstock (izquierda), Rob Marmion/Shutterstock (derecha); p. 22 Hippo/Shutterstock; p. 23 Andresr/Shutterstock; p. 24 DIGIcal/iStockphoto; p. 25 TheBiggles/iStockphoto (arriba izquierda), Ben Conlan/iStockphoto (abajo izquierda), Oguz Aral/Shutterstock (derecha); p. 26 Monkey Business Images/Shutterstock; p. 27 Kaca/AKaiser/Shutterstock; p. 28 Rocket400 Studio/Shutterstock; p. 29 Ana Clark; p. 32 Dr. Jordan Tang

Teacher Created Materials

5301 Oceanus Drive
Huntington Beach, CA 92649-1030
http://www.tcmpub.com

ISBN 978-1-4333-2601-1

Tabla de contenido

Tu fascinante cerebro

¿Te acuerdas del último libro que leíste? ¿Sabes por qué no debes tocar una estufa caliente? ¿Recuerdas el apellido de tu mejor amigo?

¿Alguna vez te preguntaste cómo sabes todo lo que sabes? ¡Puedes agradecerle a tu cerebro!

Tu cerebro, el jefe

Tu cerebro controla todo lo que piensas, dices y haces. Hace latir tu corazón. Se asegura de que respires.

Tu cerebro parece una esponja gris y gelatinosa. Sólo pesa unas tres libras. ¡Pero es el jefe de todo tu cuerpo!

Tal como nosotros

¡Tu cerebro y el de un delfín tienen casi el mismo tamaño!

¿Alguna vez te golpeaste un dedo del pie? ¿Te preguntas por qué duele tanto? Hay nervios por todo tu cuerpo. Están conectados al cerebro.

Cuando te golpeas el dedo del pie, los nervios del dedo envían un mensaje al cerebro. Ese mensaje es "¡Qué dolor!"

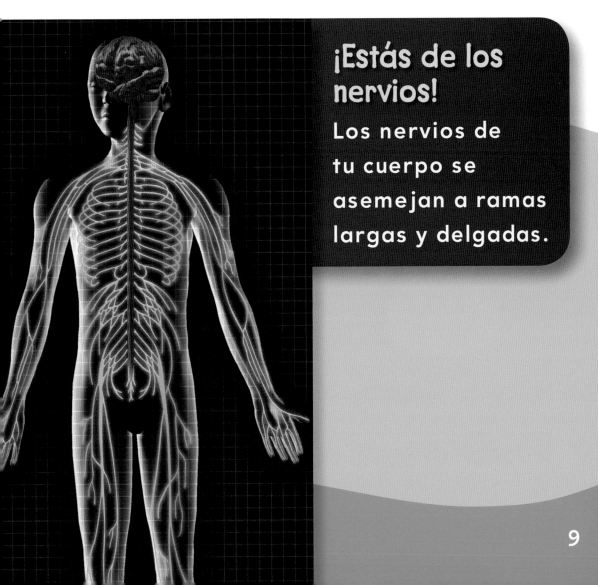

¡Estás de los nervios!

Los nervios de tu cuerpo se asemejan a ramas largas y delgadas.

Entonces, ¿de qué manera recorre ese dolor que sientes en el dedo tan rápidamente la distancia que hay hasta el cerebro? El cerebro cuenta con la ayuda de la **médula espinal**.

cerebro

médula espinal

La médula espinal recorre la espalda.
Se une al cerebro en la parte superior de
la nuca. Entrega mensajes al cerebro.

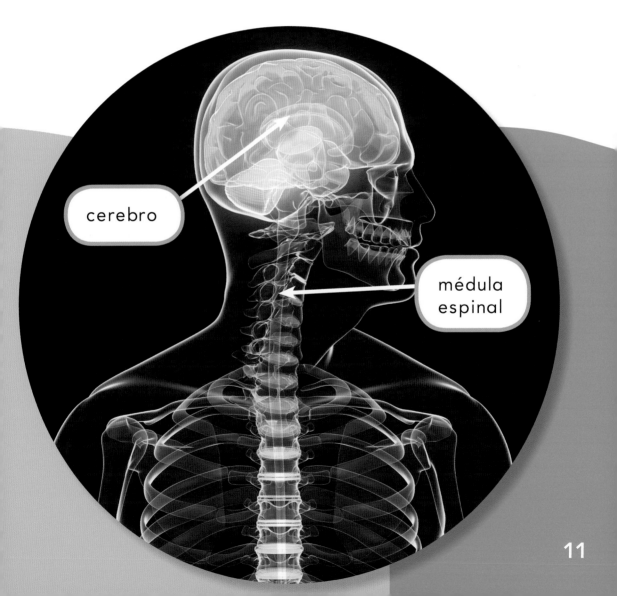

cerebro

médula
espinal

Un solo cerebro, muchas partes

Tu cerebro está formado por muchas partes. Cada una realiza un trabajo. La parte más grande del cerebro se llama **telencéfalo**. Se encarga de pensar.

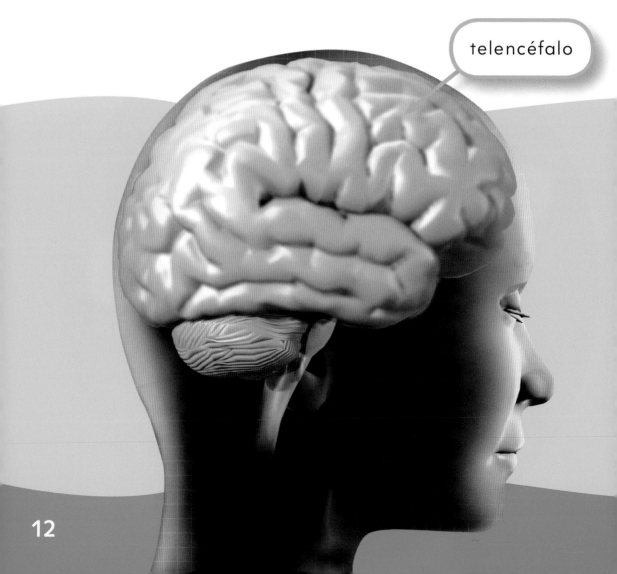

telencéfalo

El telencéfalo también te ayuda a mover el cuerpo. ¡Sin él no puedes golpear una pelota de béisbol ni resolver un problema matemático!

Tu cerebro "nervioso"

¡Tu cerebro tiene cien mil millones de células nerviosas! Las células nerviosas son tan pequeñas que no se las pueden ver.

Nunca tienes que preocuparte por respirar. Éste es el trabajo de otra parte de tu cerebro. Se llama **tronco cerebral.**

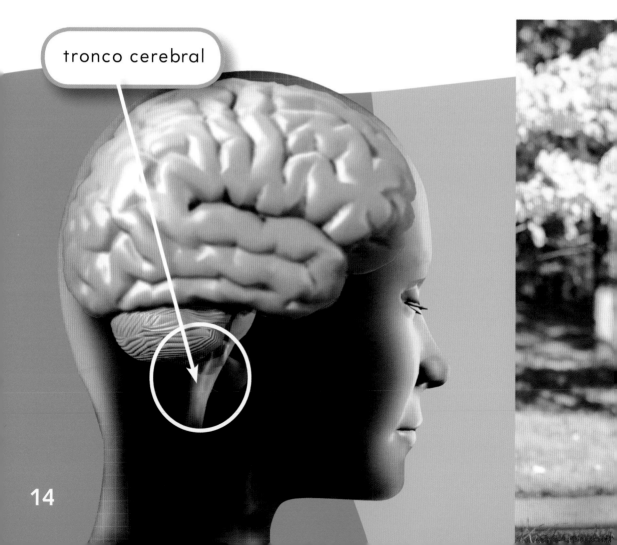

tronco cerebral

El trabajo del tronco cerebral es muy importante. Le indica al corazón que debe bombear más sangre cuando corres. ¡Incluso le pide a tu estómago que digiera el almuerzo!

¡Todo está en tu cabeza!

¿Cuál es tu **estado de ánimo** hoy?
¡Pregúntale a tu cerebro!

El cerebro es el que te hace sentir triste cuando no puedes salir y jugar. También es el que te hace sentir contento el día de tu cumpleaños. Y no es el corazón el que te dice que amas a tu familia. ¡Es el cerebro!

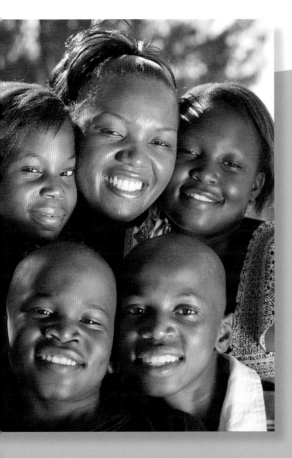

Observa los rostros de estas personas. ¿Puedes decir cuál es su estado de ánimo?

Es posible que pienses que puedes ver gracias a tus ojos. Sin embargo, el cerebro también tiene una función importante.

Primero, los ojos ven algo. Luego, los nervios oculares envían un mensaje al cerebro. Es el cerebro el que comprende lo que observas.

Inversión cerebral

Los ojos ven los objetos al revés. ¡Por suerte el cerebro sabe invertir la imagen!

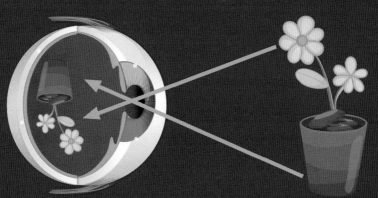

Cada vez que aprendes algo, tu cerebro se fortalece. ¿Recuerdas la primera vez que montaste en bicicleta? Al principio no eras muy bueno ¿no?

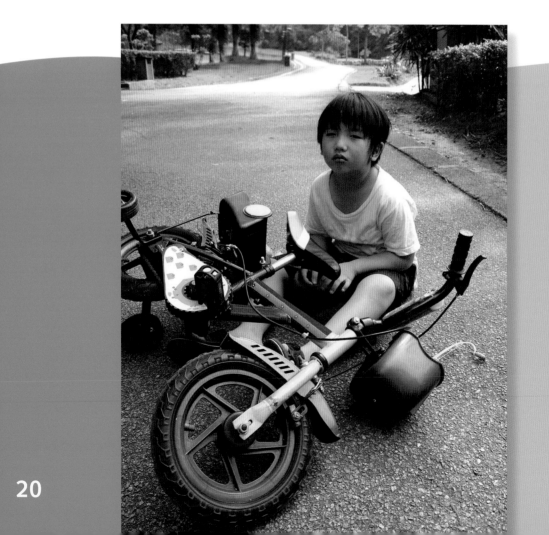

Debiste practicar. Cuando practicas, fortaleces el cerebro. Por este motivo, cuanto más haces algo, mejor te sale.

¡Un cerebro ocupado!

Tu cerebro continúa trabajando, incluso cuando duermes. Por eso tienes sueños.

El cerebro no puede hacer todo el trabajo por sí solo. Lee la siguiente lista y aprende algunas de las cosas que puedes hacer para mantenerlo en muy buena forma.

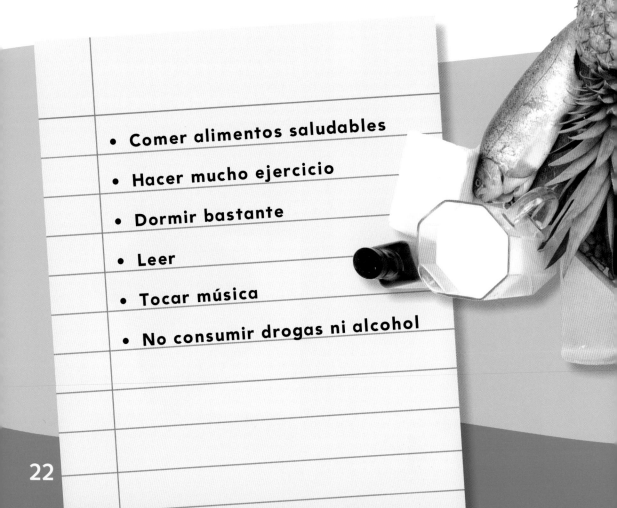

- Comer alimentos saludables

- Hacer mucho ejercicio

- Dormir bastante

- Leer

- Tocar música

- No consumir drogas ni alcohol

¡También debes ocuparte del exterior de tu cerebro! Usa un casco cada vez que montes en bicicleta, patineta o monopatín.

Además, debes usar un casco cuando practiques ciertos deportes. Los cascos quedan muy bien. ¡Y sirven para que tu cerebro esté a salvo!

Tu resistente cráneo

El **cráneo** está formado por un grupo de huesos. También protege el cerebro.

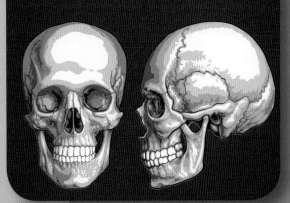

El poder del cerebro

¡Ya sabes por qué el cerebro es el jefe de tu cuerpo! Almacena todos tus recuerdos. Te indica lo que debes decir y hacer. Te mantiene vivo. ¡Cuida tu cerebro y él cuidará de ti!

Laboratorio de ciencias: La caja inteligente

¿Qué hay dentro de la caja?
¿Cómo puedes saberlo si no lo ves?

Materiales:

- una caja con un agujero en un costado para introducir la mano

- seis objetos con diferentes texturas, como una cuchara, un calcetín, un pompón de algodón, un cubo, un sujetapapeles y una manzana

- un guante de látex

Procedimiento:

1 Pídele a alguien que busque objetos y los coloque en la caja. ¡No espíes!

2 Colócate el guante e introduce la mano por el agujero. Palpa los objetos y trata de adivinar qué hay en la caja.

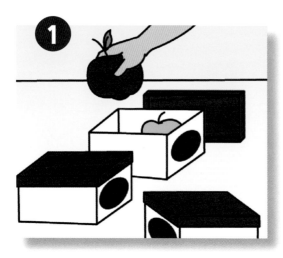

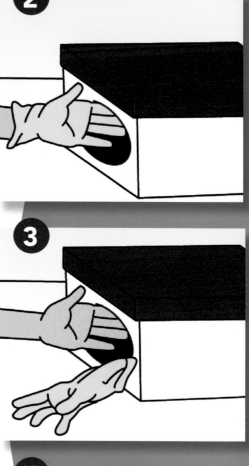

3 Ahora inténtalo nuevamente sin el guante.

4 Abre la caja para ver qué hay en el interior.

5 Piensa: ¿Por qué te resultó más difícil reconocer lo que había en la caja cuando no pudiste usar el sentido del tacto? ¿Qué otros sentidos podrías haber utilizado para darte cuenta de lo que había en la caja?

Glosario

tronco cerebral—la parte del cerebro que une el resto del cerebro con la médula espinal

telencéfalo—la parte del cerebro que se encarga de pensar

estado de ánimo—la manera en que se siente una persona

cráneo—los huesos de la cabeza que rodean y protegen el cerebro

médula espinal—un fajo grueso de nervios que sube por la espalda y une el cerebro con el resto del cuerpo

Índice

Un científico actual

El Dr. Jordan Tang estudia el cerebro. Está tratando de averiguar por qué algunas personas pierden la memoria a causa de enfermedades. Busca la manera de ayudarlas y curarlas.